MATRIXE ES!

LEBE MAGISCH!

Wie Sie mit Quantenheilung aus
Ihrem Leben eine Symphonie
machen und wirklich alles magisch
in Ihr Leben ziehen.
Mit dem magischen 21 Tage Plan!

Athanasia Vassiliadou

Einleitung

„So gibt es nichts zu lernen. So ist es nur ein: Sich erinnern.“ (Der aufgestiegene Meister Paolo Veronese)

Wenn Sie nach einem Buch über Quantenheilung greifen, dann entweder in der Hoffnung, eine Linderung bestimmter Beschwerden oder Krankheiten (Ihre eigenen oder die von Ihnen nahestehenden Personen) zu erfahren oder aber um herauszufinden, was Quanten-heilung überhaupt ist und bei welchen Themen sie erfolgreich eingesetzt werden kann.

Das was wir im Außen haben, sind oder tun ist ein Spiegel dessen, was wir innerlich über uns selbst denken! Die Gedanken manifestieren sich. Es kann nichts werden, was wir vorher nicht gedacht haben. Deshalb schauen Sie sich dieses Buch über Quantenheilung genau an – denn ab heute wird alles anders! Versprochen – Voraussetzung ist natürlich, dass Sie empfohlenes umsetzen.

Die Quantenheilung ist erst in jüngster Zeit, seit ungefähr den 1980er Jahren verstärkt in der westlichen Welt verbreitet worden, obwohl ihre Wurzeln und ihre Anwendung sich bis in die Antike (wohl unter anderem Namen) zurückverfolgen lassen. Schon mal was von Atlantis und Lemurien gelesen? Wie steht es mit den erschaffenden Göttern des Olymp aus der griechischen Mythologie? Und wie steht es um Harry Potter, Star Track und Ähnlichem? Wollten Sie auch schon mal wie die Magier in anderen Welten einfach Dinge, aus dem Nichts erschaffen können? Hier in diesem Büchlein ist eine erste Anleitung zum Erreichen des Lebens, von dem Sie bisher nur in Ihren kühnsten Träumen zu denken wagten.

Auch wenn viele Ergebnisse erzielt werden können, gibt es immer noch Skeptiker, die behaupten, dass es sich bei der Quantenheilung lediglich um eine moderne esoterische Heilbehandlung dreht, die keinerlei nachweisbare Wirkung bringt und deren Ergebnisse sich zufällig oder aufgrund des oft angeführten Placebo-Effekts überhaupt erst einstellen.

Damit Sie sich möglichst umfassend über die Quantenheilung informieren können, möchten ich Ihnen daher so viele Informationen wie möglich liefern, damit Sie in der Lage sind, das Thema objektiv zu beurteilen. Außerdem können Sie anschließend auch einschätzen, ob in Ihrem speziellen Fall die Quantenheilung erfolgreich eingesetzt werden kann, wo Sie sie erlernen können und wie sie durchzuführen ist. Und ich gebe Ihnen auch über 21 Tage Übungen, um immer schneller die Dinge in Ihr Leben ziehen zu können, die Sie haben wollen. Doch es ist wie immer: Übung macht den Meister!

Ich verspreche Ihnen eine spannende Lektüre. Sind Sie bereit?

Was habe ich mit Quantenheilung am Hut?

Es war eines schönen Morgens als, ich bei meiner Freundin einen Kaffee trank und sie mir total begeistert erzählte von einer neuen total verrückten Methode, mit der man die Welt aus den Angeln heben kann. Sie erzählte mir von einem Seminar, auf dem sie gewesen war und der Referent wohl versprochen hatte, dass man sich nach dem Erlernen der Methode wirklich alle Wünsche erfüllen kann, denn er behauptete es gibt keine Realität – und wenn man eben eine Absichtserklärung ausspricht und ein paar Loslassübungen macht wird alles anders. Normalerweise bin ich ein sehr bodenständiger Typ – doch es packte mich trotzdem. Ich sagte zu ihr – wenn das funktioniert, dass wäre wirklich Hammer! Sie hat mir die Methode in einfachen Zügen erklärt wie sie es auf dem Tagesseminar verstanden hatte und wir legten schon los mit unseren Transformationen. Und wissen Sie was? Es funktionierte! Vor allem funktionierte es auch über tausende von Kilometern Entfernung. Meine Nichten hatten damals Prüfungen in Griechenland und baten mich um eine Behandlung von dieser neuen magischen Methode, die ich drauf hatte. Ehrlich – ganz schön spuki, wenn Deine Nichte 2000 Km entfernt von dir beim Auslösen einer Welle umkippt (Gott sei Dank hatte ich ihr gesagt Sie soll sich mit dem Rücken zum Bett aufstellen). Aber mehr davon in den weiteren Kapiteln.

Ich will Ihnen mit diesem Buch helfen, einen weiteren Schritt auf Sie zu zumachen. Ich ermutige Sie, sich einmal meine Sicht der Dinge zu lesen und sich darauf einzulassen. Nehmen Sie mit was Sie anspricht und für Sie richtig anfühlt. Alles andere können Sie getrost weiterhin in diesem Buch lassen.

Was ist Quantenheilung überhaupt?

Wenn Sie eine Quantenheilung durchführen möchten, dann müssen Sie natürlich zuerst einmal wissen, was sich hinter diesem Begriff überhaupt verbirgt. Das Wort „Quant“ sowie die verwandten Begriffe der Quantenphysik, Quantenmechanik und ähnliche, sind Ihnen

möglicherweise aus dem Physikunterricht geläufig und wirken unter Umständen auf Sie abschreckend, da dass alles sehr kompliziert und wissenschaftlich klingt. Aber keine Sorge, wir werden uns hier nicht mit schwierigen physikalischen Themen beschäftigen.

Ein Quant ist das kleinste Element eines Teilchens und es befinden sich selbstverständlich auch solche Quanten in unserem Körper, genau wie Atome und Zellen, wenn Ihnen dieser laienhafte Vergleich anschaulicher erscheint.

Die Quantenheilung ist eine – für uns – neuartige Methode, wie wir einen Klienten oder uns selbst mithilfe des Bewusstseins behandeln können, indem wir Informationen an z. B. erkrankte Körperteile senden. Diese wirklich sehr stark vereinfachte Aussage werden wir im Laufe dieses Buches noch genauer erläutern und darstellen können. Aber die Quantenheilung ist im Ersten Moment betrachtet, vergleichbar mit einer Geistheilung oder Fernheilung oder dem berühmten „Handauflegen".

Da Sie dem Klienten reines Bewusstsein bzw. reine Informationen übermitteln, ist es allerdings nicht notwendig, dass Sie sich in der Nähe der Person, die Sie behandeln wollen, befinden. Sie können Ihre positiven Gedanken auch über weite Entfernungen senden. Warum das so ist und warum das überhaupt funktioniert, darauf gehen wir selbstverständlich in den nächsten Abschnitten ein.

Physikalisch – wissenschaftlicher Hintergrund

Für die Leser, die dem Thema eher skeptisch gegenüberstehen, sind die physikalischen Hintergründe mit Sicherheit interessant, da sie auf Fakten beruhen, die ansonsten der Quantenheilung gerne unter Hinweis auf den „esoterischen Touch" abgesprochen werden. Ich möchten dazu gerne ein paar Informationen anbringen, bitte aber um Verständnis dafür, dass das Buch nicht als physikalische Abhandlung gedacht ist und daher wirklich nur oberflächlich angeschnitten werden kann. Da ich eher von der praktischen Abteilung bin, verspreche ich Ihnen dafür später Methoden wie sie sofort Veränderungen durch diese Methode in Ihrem Leben, einleiten können.

Wie wir schon erwähnt haben, geht die Quantenheilung auf die Erkenntnisse der Quantenphysik zurück. Der Begründer der Quantentheorie war der berühmte deutsche Physiker Max Planck (1858 – 1947), der im Jahr 1900 im Rahmen seiner Forschung den

Grundstein zu dieser Theorie legte, während er an der Strahlung schwarzer Körper und der planckschen Strahlungsformel arbeitete. Zeitgleich arbeitete er mit seinen Oszillatoren und „erfand“ das plancksche Wirkungsquantum.

Dieser kurze Ausflug in die Vergangenheit zeigt, dass die Quantenheilung etwas mit Strahlungen, Schwingungen und Frequenzen zu tun hat. Und genau da liegt auch der Grund dafür, dass eine Quantenheilung möglich ist.

Die Quantenphysik beschäftigt sich mit nichts anderem als der Wechselwirkung der kleinsten Teilchen (der Quanten). Wenn Sie sich noch an den Physikunterricht erinnern können, dann wissen Sie vielleicht, dass die gesamte Materie aus Atomen/Protonen/Elektronen besteht, die ständig in Bewegung sind. Somit sollte es eigentlich keine „feste“ Materie geben. Auf der allerkleinsten Ebene schwingen die Quanten so schnell, dass die Materie und die Schwingung nicht mehr unterscheidbar sind.

Ein interessanter Aspekt in der Quantenphysik kommt jetzt noch hinzu: Wenn ich die Teilchen beobachte, dann verändert sich deren Verhalten!

Diese Aussage verwirrt tatsächlich viele kluge Menschen, denn es ist eine der wertvollen Fragen in der Geschichte der Quantenphysik. Schauen Sie sich bitte dazu nähere Informationen unter Doppelspaltexperiment an. Einfluss genommen wird auf die Materie dadurch, dass jemand sie beobachtet.

Es ist wie bei dem Beispiel mit den spielenden Kindern, die wenn sie auf sich selbst gestellt sind, einen Haufen Lärm machen, jedoch sobald ein Erwachsener auf sie schaut auf einmal ruhig werden und keinen Unsinn mehr machen.

Dr. Richard Bartlett sagt dazu: „Wenn Du aufhörst zu denken, geschehen die großen Wunder.“

Unser Bewusstsein besitzt also einen Einfluss darauf, wie sich die kleinen Quanten bewegen oder verhalten. Und an dieser Stelle schließt sich der Kreis: Kraft Ihrer Gedanken können Sie die kleinsten Teilchen in Ihrem eigenen oder in fremden Körpern beeinflussen. Dies ist der physikalische Hintergrund für die Quantenheilung. (Sie können hierzu auch unter dem Begriff „Quantenverschränkung“ die Wechselwirkungen nachschlagen, wenn Sie das Thema vertiefen möchten).

Wir können diese Wirkung jetzt noch abschließend in einfachen Stichpunkten zusammenfassen:

- Wir sind alle Teil eines viel größeren universellen Bewusstseins. Jede Materie, also alles, was uns umgibt, ist reine Schwingung in verschiedenen Frequenzen.

- Dadurch ist auch alles mit allem oder sogar jeder mit jedem verbunden.

- Unser Geist spielt eine große Rolle im Universum.

- Das was wir denken können, können wir auch gestalten, oder kreieren.

- Die Atome, aus denen alles ist, sind im Wesentlichen leerer Raum, ein Vakuum von 99,9 Prozent, darin vibrieren ein paar Teilchen. Wäre ein Atom so groß wie ein Sportstadion, entspräche der Kern einer Erbse in der Mitte des Rasens; die Elektronen, zehntausendmal kleiner, kreisten auf der Tribüne.

- Wenn wir etwas beobachten, können, können wir es beeinflussen (seinen Zustand und auch das Geschehen).

Die Realität kann sich auf der Stelle verändern, wenn wir die Intension ohne einer Absicht oder einen unbedingten Wunsch setzen.

Dadurch können wir die Wirksamkeit von Handauflegen, Geistheilen, Fernheilen oder Quantenheilung erklären. Hinzu kommt eine Erklärung aus dem Bereich der Biophotonen. (Max Planck hatte ja in seinen Studien, wie oben erwähnt, an Strahlungen von Photonen gearbeitet, als er auf die Quantenphysik gestoßen ist.) Eine Kommunikation zwischen dem Coach und dem Klienten kann mittels Biophotonen stattfinden. Jede (Körper)Zelle sendet und empfängt ultraschwache Licht-impulse, mit deren Hilfe die Zellen Informationen austauschen. Dieser Austausch findet zwischen den Zellen innerhalb eines Körpers sowie zwischen den Zellen verschiedener Lebewesen statt. Unterstützt wird dieser Hintergrund durch die Kenntnisse der Neurophysiologie, aus der man weiß, dass es im Gehirn sogenannte Spiegelneuronen gibt. Dies sind doppelt angelegte Nervenzellen, die die Aufgabe haben, nach außen zu kommunizieren. Alles ist Licht und Information und verbindet alles gleichzeitig!

Wie Sie anhand des kurzen Ausflugs in die trockene Wissenschaft sehen konnten, lassen sich die Hintergründe der Quantenheilung also in der Tat durch die Quantenphysik und Neurophysiologie belegen.

Wem dies ein wenig zu trocken war, füge ich Ihnen einige kurze und hochinteressante Beispiele als Belege an.

Beispiele und Studien

Es ist eine Sache, zu wissen, dass die physikalischen Hintergründe existieren, aber eine ganz andere, wenn man anhand praktischer Beispiele sehen kann, dass und wie sich diese auswirken. Sie werden überrascht sein! Es gibt übrigens eine ganze Reihe von guten Beispielen, doch wir können aus Platzgründen nur eine kurze Auswahl anführen:

Der Backster-Effekt

Cleve Backster, bzw. Grover Cleveland "Cleve" Backster, Jr. (1924 – 2013) war ein Verhörspezialist der CIA, der sich seit seiner Studienzeit zunächst intensiv mit Hypnose und im Folgenden mit Verhör unter Hypnose beschäftigt hat. Dabei kam auch der Polygraf zum Einsatz, der landläufig als „Lügendetektor" bezeichnet wird. Dieses Gerät zeichnet jedoch lediglich physiopsychologische Parameter (Blutdruck, Puls, Atmung, elektrische Leitfähigkeit der Haut) auf und ist eher ein Biosignalgerät. Cleve Backster schloss eines Tages das Gerät an eine seiner Zimmerpflanzen an und konnte feststellen, dass diese genau wie die Menschen beim Verhör, Reaktionen zeigten. Sie reagierten sogar auf seine Absichten! Je nachdem, ob er sich ihnen näherte, um sie zu gießen oder um sie abzuschneiden, schlug das Gerät „ängstlich“ aus oder blieb „ruhig“.

Beten für Patienten

Eine Studie hat kranke Patienten in zwei Gruppen eingeteilt. Unter den Patienten waren auch schwer kranke Menschen, wie zum Beispiel Aidskranke. Für die Menschen der einen Gruppe wurde täglich gebetet, für die andere Gruppe nicht. Die Kranken wussten selbst nicht, in welcher Gruppe sie eingeteilt waren. Im Ergebnis stand fest, dass die Patienten, für die gebetet wurde, sich schneller erholten bzw. dass aus der Gruppe der Schwerkranken keiner oder fast niemand starb, wobei die Todesrate der anderen Gruppe hoch war.

Wasserkristalle nach Masaru Emoto

Dr. Masaru Emoto (1943 - 2014) war ein japanischer Parawissenschaftler und Alternativmediziner, der sich mit der Magnetfeldresonanz-Analyse beschäftigte. Seit den 1990er Jahren untersuchte er die Zusammen-ballung von Wassermolekülen und stellte die These auf, dass das Wasser Gedanken und Gefühle speichern könnte. Um die These zu überprüfen und zu beweisen, füllte er Wasser in Flaschen ab und beschriftete diese sowohl mit positiven als auch negativen Botschaften, bevor er sie einfror. Nachträglich fotografierte er die gefrorenen Wasserkristalle und brachte deren Aussehen in Zusammenhang mit der positiven bzw. negativen Qualität des Wassers.

Diese Versuche können Zuhause selbst mit Gläsern mit Reis nachempfunden werden. Die identisch zubereiteten und befüllten Gefäße (ein wenig gekochten Reis und Wasser aus jeweils derselben Quelle!) können zum einen mit einem positiven und zum anderen mit einem negativen Wort beschriftet werden (z. B. „Hass“ und „Liebe“) und man kann die Gläser, jedes Mal wenn man vorübergeht, mit diesen Gedanken betrachten. Am Ende wird der Reis „Hass“-Gefäß schimmeln, während der im anderen Glas noch in Ordnung ist. Versuchs-anordnungen und Ergebnisse dazu gibt es im Internet und sogar dokumentiert auf Youtube.

Wirkung und Anwendung der Quantenheilung

Sie haben nun die Hintergründe der Quantenheilung gelernt und anhand einiger Beispiele die Wirkung von Gedankenübertragung und Beeinflussung gesehen. Was bedeutet das nun konkret für Sie? Wie wird die Quantenheilung am Patienten angewendet und wie wirkt sie?

Anwendung

Wie wir bereits gesehen haben, funktioniert die Quantenheilung dadurch, dass sich der „Heiler", „Behandler" oder mir am liebsten „Coach" auf den „Klienten" konzentriert. Dies kann auch über weite Entfernungen geschehen und ist daher zeit- und ortsunabhängig. In den meisten Fällen möchte man natürlich einen direkten Kontakt zu seinem behandelnden Anwender aufbauen und wird sich daher persönlich treffen. In diesem Fall kann mit sanften Berührungen gearbeitet werden.

Anzumerken ist, dass die Behandlung über das Bewusstsein funktioniert und somit auf einer Basis der Transformation des Unterbewusstseins durch das Überbewusstsein. Das bedeutet, dass der Coach das Überbewusstsein des Klienten zur „Heilung“ anregen kann - und das sogar, ohne dass er weiß, welche Beschwerden der Klient hat.

Einfacher und schneller geht es allerdings, wenn sich der Coach auf ein konkretes Problem beziehen kann, auf das er sich fokussiert und worauf bezogen er seine Energie aussendet.

Der Physiker und Naturmediziner Andreas Diemer, empfiehlt sogar, dass es unterstützend wirkt, wenn sowohl der Coach als auch der Klient an die positive Veränderung glauben, sich also beide öffnen und empfänglich sind für das, was geschieht. Denn es ist keine esoterische Tatsache, dass ein Kranker schneller gesund wird, wenn er selbst von sich aus daran arbeitet und auch eine positive Einstellung hat, sowie die Absicht und den Wunsch, die Krankheit zu überstehen. Wenn ein Arzt einem Patienten sagt, dass er nur noch kurze Zeit zu leben hat, und der Patient diese Information verinnerlicht, so würde er damit festlegen, dass es mit ihm bald zu Ende geht. Hierzu kann man immer, wenn man merkt da gibt es noch Wiederstände bei diesem Thema den Klienten oder sich selber sagen lassen: ICH ERLAUBE MIR VERÄNDERUNG!“ Denn oft haben wir noch innere Blockaden zu den einzelnen Themen.

Abgesehen von der direkten Berührung und der Behandlung aus der Ferne ist auch eine Selbstanwendung möglich, bei dem der Betroffene sich selbst und seinem Unterbewusstsein die positiven Impulse gibt, um die Veränderung einzuleiten und zu fördern. Dazu kommen wir später bei den Methoden und dem Ablauf der Behandlung.

Es ist festzuhalten, dass die Quantenheilung darauf abzielt, den Körper oder „das System“, das ins Ungleichgewicht oder in die Disharmonie geraten ist, wieder auszugleichen und zu harmonisieren. Eine Quantenheilung betrifft daher immer Körper, Geist und Seele gleichermaßen und balanciert alle drei aus, um das Individuum wieder komplett ins Gleichgewicht zu bringen.

Eine Quantenheilung muss nicht unter Ausschluss anderer Methoden oder Anwendungen stattfinden. Sie kann perfekt zusätzlich zur schulmedizinischen oder homöopathischen Behandlung durchgeführt werden, um das Ergebnis zu unterstützen und zu fördern.

Unterschied zur Energiearbeit

Es sollte vielleicht noch kurz angemerkt werden, dass die Quantenheilung, die sich über das Bewusstsein abspielt, nicht mit der Energiearbeit zu verwechseln ist. Sicherlich sieht sie ähnlich aus oder funktioniert für Laien sogar ähnlich, doch sie entscheiden sich erheblich.

Bitte merken Sie sich am besten, dass die Quantenheilung auf die innere Transformation des Bewusstseins abzielt. Die Information erfolgt durch die Konzentration auf unser Gegenüber und kann über Lichtphotonen nach den Regeln der Quantenphysik übermittelt werden.

Bei der Energiearbeit fließt keine Information, sondern Energie vom Behandler zum Klienten. Es ist, als würde man heilende Ströme übermitteln oder einer kraftlosen Person neue Energie zuführen. Platt ausgedrückt lädt der Behandler den Klienten auf wie eine Batterie. Ein Beispiel für Energiearbeit wäre das Handauflegen, aber auch Therapeutic Touch oder Reiki funktionieren nach diesem Prinzip.

Die Transformation des Unterbewusstseins und die Rolle des Körpers dabei

Sie haben nun die Hintergründe der Quantenheilung erfahren und auch gesehen, wie leicht die Anwendung stattfinden kann sowie die Unterschiede zum eher bekannten Handauflegen oder Reiki. Möglicherweise bereitet Ihnen jedoch die Information über die Transformation des Bewusstseins noch ein wenig Probleme. Daher wollen wir dies noch einmal separat und anschaulich aufgreifen und erläutern.

Jeder Mensch hat aus spiritueller und auch biologischer Sicht („bauplanbedingt" sozusagen) ein höheres Bewusstsein. Dies wird im Alltag jedoch meist überschattet von negativen Gedanken, Wünschen oder negativen Gefühlen wie Missgunst, Enttäuschung oder Leid. Da wir stets mit unserer Umgebung interagieren, reagieren wir auch unmittelbar darauf und empfinden dabei entweder Glück oder aber auch Wut, Angst oder

Verzweiflung. Diese negativen Gedanken verblenden nicht nur unser Bewusstsein, sondern ziehen auch den Körper in Mitleidenschaft.

Wer sich ständig in einem Zustand der Angst oder Panik befindet, versetzt seinen Körper in einen Alarmzustand – denn er möchte sich darauf vorbereiten, die vermeintliche Bedrohung durch Flucht oder Kampf anzugehen. Dies beeinflusst unseren Adrenalinspiegel und unser Herz-Kreislaufsystem. Andere Gedankenmuster führen dazu, dass uns „die Galle überläuft" oder „das Herz schwer wird". Auch Depressionen und Leid, die wir in Gedanken stets mit uns tragen, beeinflussen unseren Körper.

Sie sehen schon, worauf dies hinausläuft: Wenn wir es schaffen, unser Bewusstsein und unser Gedankenmuster sowie unsere innere Einstellung zum Positiven zu verändern, dann sind das keine esoterischen Floskeln, sondern ergebnisorientierte Maßnahmen für den Körper und Geist. Gelingt es uns, mithilfe der Quantenheilung, das Bewusstsein des „Klienten" zu erreichen, kann er seine Gedanken und somit auch seinen Körper transformieren, harmonisieren und dadurch verändern oder noch besser verbessern.

Wirkung

Auch wenn Sie vielleicht kein Freund spiritueller Themen sind, so beziehen wir diesen Begriff bei der Erklärung der Wirkung doch mit ein: In vielen östlichen spirituellen Schriften wird vom „Licht des Bewusstseins“ gesprochen. Dieses Licht ist in jeder Seele vorhanden und kann die gewünschte Transformation auslösen. Bitte erinnern Sie sich, dass diese Tatsache auch von den physikalischen Forschungen und Ergebnissen von Max Planck und den Lichtphotonen gestützt wird, auf die wir bereits oben im Text eingegangen sind.

Das Licht bzw. die Lichtteilchen entsprechen unseren Quanten, die durch das Universum sausen und die aufgrund ihrer Schnelligkeit bzw. Frequenz der Ebene des Überbewusstseins zugeordnet wird, wo sich unsere Gedanken und

Gefühle befinden. Und daher kann die Veränderung auch genau dort ansetzen: wir senden die Lichtteilchen/Quanten/Gedanken in das Bewusstsein des anderen, wo sie eine Transformation in seinen Gedankenmustern auslösen, die sich anschließend auf körperlicher Ebene bemerkbar machen und die Harmonie in Körper und Seele wiederherstellen und somit den Körper oder Geist zum positiven verändern.

Und warum können wir diese Wirkung auch über weite Entfernungen erzielen?

Da wir oben bereits gelernt haben, dass die Quantenphysik herausgefunden hat, dass auf der energetischen Ebene alles mit allem verbunden ist, und jede Zelle mit jeder anderen Zelle kommunizieren kann, ist es leicht, uns auf etwas zu konzentrieren und den Gedanken dahin auszusenden. Wir stehen quasi über die Biophotonen in ständigem Kontakt mit allen anderen Lebewesen. Dadurch können wir alles um uns herum beeinflussen, aber auch andere können uns beeinflussen.

Wenn Sie sich dieses Prinzip verinnerlicht haben, ist ihnen klar, dass wir über dieses erweiterte Verständnis der Interaktion zwischen allen Bereichen des Lebens auf allen Ebenen unser Bewusstsein so trainieren und ausrichten können, dass wir unser Leben und das der anderen positiv beeinflussen können. Gute, positive Schwingungen sorgen für einen harmonischen, glücklichen Zustand. Selbstverständlich können Sie auch negative Schwingungen an andere weitergeben und diesen das Leben schwermachen, aber diese Handlung wird automatisch auf Sie zurückfallen und Sie werden sich daher keinen Gefallen damit tun.

Mit den richtigen Techniken der Quantenheilung können wir also einen hohen Schwingungszustand erreichen und in der Folge positive Erfahrungen und Gesundheit erzielen.

Wir haben bisher schwerpunktmäßig die „Veränderung“

als eine Veränderung im Sinne der Verbesserung von Krankheiten oder negativen Mustern angesehen, was sicherlich auch einen Schwerpunkt darstellt. Wie wir aber erkannt haben, können wir das Bewusstsein in allen Bereichen zu einer Transformation anregen. Daher können wir dort alle vorhandenen Blockaden lösen. Also nicht nur diejenigen, die uns solche Sorgen bereiten, dass wir sogar auf körperlicher Ebene Schaden davontragen, sondern alle Blockaden, die uns in irgendeiner Form belasten. Daher können wir auch Probleme im Bereich der Familie oder des Jobs, aber auch der Finanzen oder Kreativität auflösen helfen! Die Quantenheilung ist daher als ein Oberbegriff für alle positiven Veränderungen zu sehen, die wir über das Bewusstsein herbeiführen können!

Anwendungsbereiche

Die Quantenheilung ersetzt nicht den Weg zum Arzt oder eine herkömmliche Diagnose oder Behandlung. Im Gegensatz zu dieser

Aussage sind allerdings viele Personen der Ansicht, dass grundsätzlich alle Krankheiten, die von der Psyche ausgelöst wurden, auch über die Psyche wieder geheilt werden können, sprich: über eine Veränderung des Bewusstseins. Diese Ansicht mag in einem oder anderem Fall zutreffen, kann jedoch bei schwerwiegenden Erkrankungen zu unerwünschten Ergebnissen führen. **Daher ist der Gang zum Arzt in jedem Fall ein MUSS** und die Quantenheilung selbst kann zur Ergänzung und Linderung zusätzlich durchgeführt werden.

Es gibt bereits eine breite Palette an Krankheiten, bei denen der zusätzliche Einsatz von Quantenheilung gute Ergebnisse geliefert hat.

Hier nur eine kleine Auswahl davon:

- Knochen- und Rückenbeschwerden (Bandscheiben, Ischias)
- Knieprobleme
- Rheuma
- Multiple Sklerose

- Herz-Kreislauf-Erkrankungen
- Migräne
- Allergien
- Neurodermitis, Akne
- Depressionen, Schlaflosigkeit, Ängste, Traumata
- Psychosomatische Störungen
- Asthma
- Chronische Schmerzen
- Diabetes
- Burn-out-Syndrom
- Immunschwäche
- Vor- und Nachbehandlung von operativen Eingriffen
- Linderung/Beseitigung von Medikamenten-Nebenwirkungen
- Tumore, Karzinome, Krebsleiden

Eins ist mir nochmal einmal ganz wichtig!

Der Gang zum Arzt ist in jedem Fall ein MUSS, wenn Sie Beschwerden haben! Diese Methode immer zusätzlich!! Denn leider habe ich auch viele selbsternannte Gurus kennengelernt dies es anders gelehrt haben. Ich distanziere mich hier ganz ausdrücklich davon obwohl ich phantastische Ergebnisse bei mir selber hiermit erzielen konnte.

Geschichte der Quantenheilung, Entstehung, Hintergründe

Historisch

Wenn die Quantenheilung so gut funktioniert und einfach, nebenwirkungsfrei und kostengünstig durchgeführt werden kann, warum kennen wir sie dann nicht schon länger?

Nun, der Begriff ist neu, da er erst seit der Entstehung unserer Beschäftigung mit der Quantenphysik verwendet wird. Aber grundsätzlich ist die Methode schon uralt und seit der Antike bekannt. Besonders in östlichen Regionen oder in spirituellen Themen ist die Quantenheilung weder überraschend noch unbekannt.

Der Vorreiter der Bewegung und einer der ersten, oder sogar DER Erste, der den Begriff benutzt hat, war der Inder Deepak Chopra, der die Methode in den 1980er Jahren auch im Westen bekannt gemacht hat. Darauf aufbauende Methoden haben sich erst seither und nach der Popularisierung in den letzten Jahren entwickelt.

Das dahinterstehende Wissen war jedoch bereits den alten Ägyptern, den alten Griechen und besonders den alten Indern geläufig. Überlieferungen und alte spirituelle Werke sprechen davon und sind in den indischen Veden bzw. Upanischaden nachzulesen. Auch den Taoisten ist das Prinzip bekannt. Und Sie kennen auch die ganzen erschaffenden Geschichten der griechischen Mythologie.

Das kommt daher, dass es bei all den Ansätzen auch in historischen Zeiten immer um das Bewusstsein und die Transformation ging. Und dies sind zentrale Punkte östlicher Religionen, die die Erreichungen der Transzendenz und der Bewusstseinslenkung stets in ihren Meditationen geübt haben.

Man wird daher in den oben genannten Werken auch schwerlich das Wort Quantenheilung finden. Jedoch enthielten die alten Schriften Anleitungen über korrekte Meditation und Lenkung des Bewusstseins, bzw. sie wollten den Menschen zeigen, wie man mit viel Disziplin und Übung Zugang zu den tieferen Ebenen erlangen konnte. Die Hintergründe und Absichten der Übungen zur Achtsamkeit und Gedankenstille waren vielschichtig.

Nehmen wir als Beispiel die Upanischaden. Dies sind philosophische Schriften, die ein Bestandteil der indischen Veden bilden. In den Upanischaden geht es darum, die letzte Wirklichkeit im Universum zu erreichen, die Befreiung von existenziellem Leid sowie dem Zwang der Wiedergeburt. Außerdem bestimmen die eigenen Gedanken das persönliche Karma. Damit dies möglichst gut ausfällt, muss man seine Gedanken im Griff haben. Auch der Sinn des Lebens ist ein Bereich, den die hinduistischen Schüler durch das Üben verschiedener Meditationstechniken erlernen wollten.

Mittels tiefer Entspannung in den langen geübten Meditationen gelang es den disziplinierten Schülern, einen Zugang zur Quantenebene zu erhalten und dort einzutauchen, um sich selbst zu transformieren und von verschiedenen irdischen Fesseln sowie negativem Karma und dem Rad der Wiedergeburt zu befreien.

Nichts Anderes planen wir eigentlich auch, wenn wir uns mit der Quantenheilung, positiven Gedanken und der Transformation unseres Bewusstseins beschäftigen. Sollten Sie ein Seminar zum Erlernen der Quantenheilung besuchen wollen, werden Sie unweigerlich über diese Begriffe stolpern, da sie die historische Herleitung der heutigen Quantenheilung darstellen.

Moderne Verfechter der Theorie

Wer sich mit der Quantenheilung beschäftigt, muss dazu nicht in den alten Veden nachlesen, er kann sich auch mit relativ moderner Literatur dazu behelfen. Einige Namen fallen auch im deutschen Sprachraum recht häufig, daher wollen wir ganz kurz drei Vertreter der Quantenheilung vorstellen:

a) Deepak Chopra

Deepak Chopra, Jahrgang 1946 ist Internist und Endokrinologe. Er ist aber auch intensiv vertraut mit spirituellen Themen sowie alternativer Medizin und Ayurveda. 1996 gründete er zusammen mit dem Neurologen David Simon das Chopra Center for Wellbeing, das sich mittlerweile in Carlsbad, Kalifornien befindet. Er unterrichtet an der medizinischen Hochschule der University of California, San Diego (UCSD). Er schöpft viele Elemente seines Wissens über die Quantenheilung aus seiner hinduistischen Religion sowie den zuvor erwähnten Schriften. Außerdem war er jahrelang ein Schüler des Maharishi Mahesh Yogi und der erste große Vertreter der "Quantenheilung" in den 1980er Jahren.

b) Andreas Diemer

Andreas Diemer, Arzt für Naturheilverfahren, Diplom-Physiker, Sprecher der Deutschen Arbeitsgemeinschaft für unabhängige Impfaufklärung (DAGIA); Leiter der

Praxis und Akademie Lebenskunst & Gesundheit. Durch sein abgeschlossenes Diplom-Studium und seinen physikalischen Hintergrund besitzt der Arzt einen tieferen Zugang zu den Aspekten alternativer Anwendungen wie der Quantenheilung. Er kennt sich in der modernen Quantenphysik und der Biophotonenforschung hervorragend aus und kann diese Gesichtspunkte in seiner Arbeit aber auch seinen Vorträgen und Workshops gut vermitteln. Sein Ansatz ist interdisziplinär und seine Ergebnisse sprechen für sich.

c) Rolf Froböse

Rolf Froböse, Jahrgang 1949, ist deutscher Journalist und Buchautor mit einem Studienabschluss in Chemie. Er war wissenschaftlicher Mitarbeiter am Gmelin-Institut der Max-Planck-Gesellschaft in Frankfurt am Main sowie deutscher Korrespondent der NASA, später jahrelang Redakteur und Ressortleiter bei einem Technologiemagazin und Chefredakteur einer chemischen Fachzeitschrift. Seit 1995 arbeitet er bereits als freier

Wissenschaftsjournalist und beschäftigst sich unter anderem mit der Quantenphysik und der Homöopathie. Seiner These nach sind Naturheilverfahren unter Zugrundelegung von quantenmechanischen Effekten möglicherweise doch wirksam, auch wenn dies von Skeptikern immer noch bestritten wird. Er hat umfangreiche Bücher geschrieben und hält laufend Vorträge.

Weitere Vertreter lernen wir gleich noch kennen, wenn es um die verschiedenen „Arten" der Quantenheilung geht.

Verschiedene Arten/ „Schulen“ der Quantenheilung

Es gibt einige verschiedene Arten und Methoden der Quantenheilung, die von verschiedenen „Schulen“ unter unterschiedlichen Namen gelehrt werden. In allen Schulen können Seminare besucht werden, bei denen man sich ausbilden lassen kann. Wenn Sie sich für eine solche Ausbildung interessieren, oder bevor Sie überhaupt eine Methode der Quantenheilung selbst anwenden, sollten Sie sich informieren, welche Möglichkeiten es gibt und eine für Sie geeignete Methode auswählen, bevor Sie loslegen.

Unter den populären Methoden gibt es drei Arten, die besonders bekannt sind und die wir gleich als erste Methoden vorstellen. Dies sind "Quantum Entrainment" von Dr. Frank Kinslow, Matrix Energetics von Dr. Richard Bartlett und „Field-Rendering“ von Mr. Magic-Matrix Oliver Bartl.

Quantum Entrainment® von Dr. Frank Kinslow

Frank Kinslow ist Chiropraktiker, er arbeitete als Lehrer für Gehörlose und ist spiritueller Berater. Er ist Begründer und einzige Lehrer des Quantum-Entrainment®-Prozesses, dessen Techniken er in seinen Seminaren in Florida, wo er an der Everglades-Universität unterrichtet, an alle Interessierten vermittelt. Seine Methode arbeitet mit sanften Berührungen, die das vegetative Nervensystem aufnahmebereit machen für die folgenden heilsamen Prozesse. Die Methode ist besonders gut geeignet zur Selbsthilfe. Außerdem kann sie bei Problemen in allen Lebensbereichen (Job, Geld etc.) angewendet werden.

Matrix Energetics ® von Dr. Richard Bartlett

Matrix Energetics ® wurde 1997 von Dr. Bartlett entdeckt und basiert auf der Zwei-Punkt-Methode der Quantenheilung. Seine Methode wird, obwohl sie sich von der Quantenheilung ableitet, nicht direkt dazu gezählt, da sie noch weitere Lehren und Methoden einbezieht. Unter anderem auch die Sedona-Methode, NLP und Hypnotherapie sowie virtuelle Radionik und andere. Im Gegensatz zur Quantenheilung arbeitet er ohne Absicht und ohne, dass er ein bestimmtes Ergebnis erwartet. Es finden auch keine speziellen Übungen statt. Wer Vorkenntnisse in den anderen Bereichen hat oder sich zu diesen hingezogen fühlt, wird möglicherweise diese Methode bevorzugen.

Field-Rendering von Mr. Magic-Matrix / Oliver Bartl

Oliver Bartl unterrichtet seit 10 Jahren Matrix-Methoden. Kraftvoll, bunt und ziemlich cool bringt er Magie ins Leben vieler begeisterter Seminarteilnehmer, zeigt ihnen, dass sie selbst absolut magisch sind und ermutigt sie, genau diese innere Magie zu nutzen, um sich selbst und ihre Träume zu verwirklichen.

Besonders wichtig ist ihm dabei, dass seine Seminar-teilnehmer, das Gelernte in ihr Leben integrieren können. Dafür muss die Technik spielerisch sein, sie muss Spaß machen, schnell sein und in jeder Situation anwendbar. Das alles vereint sich in Olivers Field-Rendering Methode. Mit Field-Rendering schafft es jeder, innerhalb von Sekunden, Anpassungen in der Matrix zu machen, um sich so auf seine Ziele und Träume auszurichten.

Denn eins ist für Mr. Magic-Matrix absolut klar „ In jedem Menschen steckt ein Quanten-Magier."

Ur-Matrix ® von Stefan Bratzel

Ur-Matrix® ist eine Methode, die der Heilpraktiker Stefan Bratzel aus der Zwei-Punkt-Methode der Quantenheilung und Elementen der Huna-Lehre entwickelt hat. Er ist Leiter der spirituellen Schule mit Hauptsitz in Rastatt.

Bratzel geht davon aus, dass alles Lebendige eine Matrix besitzt, in dem – wie in einem Bauplan – die Informationen darüber enthalten sind, wie und was wir werden sollen. Wenn wir durch eine Krankheit aus der Bahn geworfen werden, kann man durch das erneute Aufrufen der Ur-Matrix, also des ursprünglichen Bauplans, die Informationen in den Zellen neu programmieren. Die Methode ist leicht anzuwenden und wirkt innerhalb kurzer Zeit auf Körper, Geist und Seele.

Matrix-Awareness ® von Roland Locher & Rosi Lutz

Matrix-Awareness® ist eine Erweiterung der gängigen Zwei-Punkt-Methode aus der Quantenheilung. Sie wurde von ihren Schweizer Erfindern Roland Locher und Rosi Lutz zur effektiveren 3-Punkt-Methode ausgeweitet. Außerdem enthält sie zusätzlich Elemente aus den Bereichen von Reiki, NLP, Hypnose und Cranio Sacral Balance.

Praxistipp: https://amzn.to/2GZ9xmZ

Quantenheilung selbst lernen / Seminar-Anbieter und Ausbildung

Sie haben nun bisher die Grundlagen, Anwendungen, Wirkungen und Methoden der Quantenheilung kennengelernt. Sie wissen, dass es sich um eine einfache Art und Weise handelt, die ihr Bewusstsein zur Transformation anregen und Ihre Probleme in allen möglichen Bereichen, zuvorderst im Gesundheitsbereich beheben können.

Eine gute Empfehlung, die ich weitergeben kann, da es eine Methode ist, die ich selber benutze, ist Field Rendering von Oliver Bartel:

01 // Ein kostenloses Webinar in dem man noch mehr über Oliver und seine Arbeit erfährt.

Geht Nicht Gibt's Nicht // So verwirklichst Du Dich und Deine Träume!

https://bit.ly/2T3kMQG

02 // Sein Videokurs direkt.

be MAGIC // Deine FIELD-RENDERING Ausbildung

-> https://bit.ly/2HHgucI

Wenn Sie sich für eine Methode entschieden haben, die Ihnen am meisten zusagt, können Sie sich aus dem umfangreichen Angebot weiterführende Seminare aussuchen oder auch einfach ein Buch darüber kaufen.

Ein Tipp: https://amzn.to/388sf6U

Sie benötigen auch keinerlei spezielle Vorkenntnisse dazu, hilfreich ist es allerdings, wenn Sie ein gutes Körpergefühl besitzen.

Zum Erlernen der Quantenheilung stehen Ihnen folgende Möglichkeiten offen:

- Bücher
- Videos (YouTube, DVD)
- Online-Kurse verschiedener Schulen (siehe Webseiten)

- Besuch einer Akademie, die diese Inhalte vermittelt
- Informationsabende

Eine allgemeingültige Empfehlung für die beste Lernmethode kann natürlich nicht ausgesprochen werden. Jeder lernt am besten auf seine eigene, bevorzugte Weise.

Weitere guter Tipp sind allerdings folgende Links:

https://bit.ly/372nbA8

https://bit.ly/31pOC5Y

und https://bit.ly/398qhUQ

Die Matrix-Zweipunkt-Methode

Im Laufe des Textes sind bereits einige Male die Worte 2-Punkt-Methode oder auch Zwei-Punkt-Technik gefallen. Dahinter verbirgt sich ein einfaches Prinzip:

Der Coach beschäftigt den Verstand des Klienten mit einer Aufgabe, die er nicht lösen kann: Er soll sich nämlich gleichzeitig auf beide Hände konzentrieren, die sich an unterschiedlichen Positionen am Körper befinden. Der Verstand kann sich aber jeweils nur auf einen Punkt konzentrieren und wird immer zwischen den beiden Positionen wechseln. In dieser Phase ist es für den Coach leicht, Zugang zum höheren Bewusstsein des Klienten zu erlangen und es zur Transformation anzuregen.

Meistens liegen allen Themen Emotionen zu Grunde. Daher ist es am einfachsten erstmal diese zu transformieren. Sie können natürlich Ihren Klienten danach fragen, jedoch wenn Sie Ihrer inneren Weisheit vertrauen können Sie auch Ihr eigenes Überbewusstsein danach fragen.

Welche Emotionen liegen dem Thema zugrunde?

- Angst vor versagen
- Perfektionismus
- Wut
- Unruhe
- Liebe
- Freude
- Unsicherheit
- Kleinheit
- Angst im Allgemeinen
- Trauer
- Schuld
- Neid
- Missgunst
- Eifersucht
- Hingabe
- Optimismus
- Negativ sein
- Zufriedenheit
- Unzufriedenheit
- Begeisterung
- Hass
- Zornig sein
- Ärgerlich sein
- Sorgen machen
- Zweifel haben
- Enttäuscht sein

- Frustriert sein
- Mutlosigkeit
- Gelangweilt sein

Hier können Sie mit einer einfachen Frage ins Feld gehen, indem Sie nur Fragen:

Was liegt hier unter dem Thema?

Und schon werden Sie intuitiv die Antwort darauf bekommen.

Dann sagen Sie einfach:

„Danke – Wut loslassen oder Wut transformieren“ That’s it!

Andere Fragen die Sie hier im Feld stellen können?

„Gibt es zu diesem Thema hinderliche negative Glaubenssätze (oder: Schwüre, Eide, Gelübde, Zauber, Verwünschungen, Flüche)?

➔ Nun setzen Sie nur die Intension **LÖSCHEN**!

➔ Danach stellen Sie sich einfach vor wie Sie auf eine Tafel an der Stirn den neuen positiven Glaubenssatz schreiben

Oft sind es auch ganz tief vergrabene Wünsche, die uns beim Erreichen unserer Ziele hindern. Also einfach danach fragen:
Liegt diesem Thema der Wunsch nach:
- Anerkennung und Liebe
- Eins sein mit jemandem
- Sicherheit
- Kontrolle
- Veränderung
- Im Rechst sein wollen

zugrunde?
-> Nun setzen Sie nur die Intension **LÖSCHEN**!

Wenn Sie diese Methode an sich selbst ausprobieren möchten, sollten Sie wie folgt vorgehen:

Suchen Sie mit der einen Hand die Problembereiche am Körper (wenn es ein „abstraktes" Problem ist wie der Job, dann suchen Sie sich eine Stelle, die Sie damit verbinden, diese Körperstelle kann sich unter Umständen verspannt anfühlen). Mit der anderen Hand suchen Sie eine Stelle, die als zweiter Punkt die Lösung für Ihr Problem symbolisiert. Die richtige Stelle kann sich zum Beispiel durch ein Kribbeln oder Ziehen andeuten. Wenn sie beide Punkte festhalten, dann formulieren Sie einen positiven Satz, wie zum Beispiel „Meine Schmerzen im Knöchel sind verschwunden und ich kann meinen Fuß völlig schmerzfrei bewegen." Lassen Sie Ihre Hände auf den Punkten liegen und warten Sie ab. Die Veränderung tritt ganz von selbst ein.

Und wenn nicht?

Sagen Sie zu sich: **„Ich erlaube mir Veränderung!"**

Und wenn immer noch nicht?

Wenn Sie sich nicht richtig auf die Methode einlassen können und die Zweifel größer sind als die positive Erwartung, dann blockieren Sie sich selbst und es tritt keine Besserung ein. Sie werden dann vermutlich den Kritikern zustimmen, die immer wieder anprangern, dass es sich bei der Quantenheilung nur um Humbug handelt.

Sehen wir uns zum Abschluss und der Vollständigkeit halber noch diese kritischen Stimmen an.

Kritik und skeptische Stimmen

Wir hatten eingangs drei Beispiele als Beleg für den Erfolg der Quantenheilung aufgeführt. Sehen wir uns zunächst die kritischen Stimmen zu diesen Punkten an:

Der Backster-Effekt funktioniert nicht

Backster wurde vorgeworfen, dass er seine Pflanzenexperimente nicht unter kontrollierten Bedingungen durchgeführt habe. Daher waren die Ergebnisse wertlos. Um seinen Thesen unter Laborbedingungen nachzuprüfen, wurden sie erneut – und dieses Mal kontrolliert – von Wissenschaftlern durchgeführt. Die Versuche schlugen fehl. Die These galt als nicht bewiesen und damit falsch.

Gesundbeten klappt nicht

Wenn Patienten wissen, dass Sie Teil eines Experimentes sind, könnte der viel zitierte Placebo-Effekt in Kraft treten und die objektive Heilwirkung verfälschen. Die Patienten wissen, dass für einige von ihnen gebetet wird, also sind die Ergebnisse nicht signifikant.

Die Wasserkristalle von Masaro Emoto

Die Erkenntnisse des Japaners stehen im Widerspruch zur bekannten Wasserchemie und konnten wissenschaftlich nicht nachvollzogen und bewiesen werden.

Allgemeine Kritik

Quantenheilung basiert auf einem ähnlichen Prinzip wie das positive Denken, welches Probleme auch nicht in Luft auflösen kann. Eher werden Probleme kaschiert oder Ergebnisse aufgrund von Wunschdenken oder Placebo-Effekten erreicht. Verdrängte Themen, die durch falsches Denken lediglich überdeckt werden, können sich tiefer ins Unterbewusstsein eingraben und dort schwerwiegende (psychosomatische) Krankheiten auslösen.

Es ist nicht möglich, Probleme in kurzer Zeit durch diese einfache Übung in Luft aufzulösen oder eine Krankheit verschwinden zu lassen. Es könnte Menschen davon abhalten, einen Arzt aufzusuchen und sich ernsthaft behandeln zu lassen.

Kritiker äußern außerdem die Ansicht, dass es Patienten gibt, die aus ihrer Krankheit einen Gewinn ziehen (sie bekommen mehr Aufmerksamkeit von ihrer Umwelt oder können sich bei der Arbeit vor bestimmten Tätigkeiten drücken etc.) und dass diese von den Quantenheilern nicht berücksichtigt wurden. Denn wenn solche Patienten geheilt werden, die ihre Krankheit aber zum Selbstzweck „brauchen", müssen sie sich zwangsläufig ein neues Krankheitsbild erschaffen, um wie bisher ihren Nutzen daraus ziehen zu können.

Zu überlegen: Die Menschen im Mittelalter sollen geglaubt haben, die Erde sei eine Scheibe. Sogar noch die Seeleute des Kolumbus waren voller Angst, sie würden mit ihren Schiffen über den Rand der Welt hinaus ins

Nichts stürzen. In Europa vermuteten die Menschen das erste Mal vor rund 2.500 Jahren, dass die Erde rund sein könnte. Der griechische Philosoph Platon war einer der ersten Menschen, der durch logische Schlüsse auf die runde Gestalt der Erde schloss. Also was wenn Quantenheilung tatsächlich funktioniert?

Kritik an den Kritikern

Jede Methode, die kontrovers diskutiert wird, ruft Befürworter und Kritiker auf den Plan und somit ist es verständlich und nur logisch, dass es an der Kritik der Kritiker ebenfalls wieder Kritik zu üben gibt. Denn die Befürworter werfen ein, dass eine Methode, die bereits vielen Menschen geholfen hat, nachweislich WIRKT. Dazu kommt die wissenschaftliche Herleitung ihrer Grundlagen.

„Wer heilt, hat recht", warf schon Samuel Hahnemann, der Begründer der Homöopathie, seinen Gegnern an den Kopf, wofür er wiederum mit weiterer Kritik konfrontiert wurde. Und so bildet sich eine Endlosschleife der Kritik an der Kritik an der Kritik ...

Nachwort

Wir sind nun am Ende unserer Reise durch das Buch angelangt und haben versucht, Ihnen die Grundlagen der Quantenheilung zu vermitteln. Wissenschaftlich ist sie ohne weiteres her leitbar, praktiziert wird sie seit Tausenden von Jahren in alten Kulturen und Religionen. Ihre Anwendung ist einfach und ohne Nebenwirkungen – dennoch gibt es starke Kritikpunkte an der Methode, die wir Ihnen ebenfalls genannt haben.

Nachdem Sie sich nun umfassend mit dem Thema auseinandergesetzt haben, liegt es an Ihnen, die vorhandenen Informationen abzuwägen und die Quantenheilung selbst zu versuchen.

Es gibt vielfältige Angebote und Methoden, die Sie ausprobieren können. Und da keine Nebenwirkungen auftreten, ist die Beschäftigung mit dem Thema auch völlig ungefährlich. Bitte vergessen Sie aber nie, dass eine solche

Methode nicht **den Gang zum Arzt ersetzen kann**.

Vielen Dank für Ihr Interesse und viel Erfolg bei Ihren Übungen!

Ihre Athanasia

PS: Wenn Ihnen dieser kleine Ratgeber gefallen hat, hinterlassen Sie mir doch gerne eine Rezension auf Amazon. Das würde mir viel bedeuten.

Aber wissen Sie was? Übung macht den Meister deshalb hier noch für die nächsten 21 Tage ein Plan, um Ihre Wünsche und Träume zu realisieren:

Achtung!! Hierbei will ich Ihr Coach sein und gehe zum persönlichen Du über, denn Anweisungen werden durch das Du schneller befolgt im Coaching Bereich. ;-)

Ach, und das ist einfach nur meine persönliche Meinung!

Also nehmen Sie sich jeden einzelnen Tag vor und füllen Sie auch Ihr Erfolgstagebuch für diesen Tag aus. Viel Spaß mit diesen verschiedenen Übungen die Sie im allgemeinen Unterstützen beim Erschaffen Ihrer Realität.

Ab HEUTE!

Ab JETZT!

21 Tage Übungsplan

1. Tag

Schreib auf ein Blatt Papier, die Fähigkeit oder Stärke, die Du erlangen willst. Z. b. Reichtum, Partnerschaft, Geduld, Mut oder liebevoller Umgang mit mir selbst. Nun nimm dieses Blatt als Untersetzer für Dein Wasserglas oder Deine Wasserflasche. Glaub mir, es wird funktionieren, dass Dein Wasser die Information in Deinen Körper transportiert. Mach das ab heute einfach zu Deiner Natur, tue es täglich! Schreibe morgens schon auf ein Blatt welche Information heute durch diese Methode Deinen Körper durchfluten soll.

Notizen:

2. Tag

Stelle Dir zu Deinem Thema heute eine **magische Frage:**
Was wäre, wenn mein Thema zum Wohle aller beteiligten sehr positiv gelöst wäre?
Wenn ich die Lösung kennen würde, was wüsste ich dann?
Woran denke ich nicht, an was es gut wäre zu denken, um eine effektive Lösung herbei zu wünschen?

Thema:
Frage:

Intention: Integrieren der Lösung JETZT!

Notizen:

3. Tag

Die Frage des Tages?
Gibt es zu meinem Thema systemische Verstrickungen? Gehören Sie zur Seite meiner Mutter oder meines Vaters?
D. h. trage ich vielleicht etwas für eines meiner lebenden oder verstorbenen Familienmitglieder und muss ich etwas an meine Ahnen zurückgeben?

Thema:
Frage:

Intention: „Liebe Ahnen was auch immer ich für Euch zu diesem Thema trage, gebe ich Euch mit Liebe zurück!
"Alles zurückgeben JETZT!

Notizen:

4. Tag

Parallele Universen

Thema:
Frage: Gibt es ein paralleles Universum, in dem dieses Thema zu meiner absoluten Zufriedenheit geklärt ist? Indem ich so reich, hübsch, liebevoll bin wie ich es mir wünsche?

Intention: Integrieren JETZT!!!

Notizen:

5. Tag

Thema:
Frage: Welches Geschenk Ressource, Fähigkeit könnte mir bei diesem Thema behilflich sein?

____

Intention: Integrieren JETZT!

Notizen:

6. Tag

Seien Sie heute verrückt und schreiben Sie eine Löffelliste. Was ist das?
Eine Liste all der Dinge, die Sie noch machen, sein oder haben wollen, bevor Sie den „Löffel“ abgeben! Seien Sie kreativ und schreiben einfach alles auf.

1.
2.
3.
4.
5.
6.
7.
8.
9.
10.

......

Notizen:

7. Tag

Es ist so wie es ist – und das kann sich ändern! – Strategie

Schreiben Sie einfach Ihre eigenen Sätze und lesen Sie sie ein paar Mal pro Tag vor!

Ich beabsichtige, dass dieses Problem (.........) verschwindet.

- Es ist so wie es ist – und das kann sich ändern. Ich beabsichtige, einfach und gelassen dem Variantenstrom zu folgen, in dem sich das Problem von alleine auflöst.
- Es ist so wie es ist – und das kann sich ändern. Ich beabsichtige, dass sich die Umstände heranbilden, damit....
- Es ist so wie es ist – und das kann sich ändern. Ich

beabsichtige, dass diese Wichtignahme verschwindet.

- **Notizen:**

8.Tag

Das kann sich ändern – Strategie

- Ich bin noch Single – und das kann sich ändern. Ich beabsichtige, dass der richtige Partner in mein Leben tritt.
- Ich bin noch Single – und das kann sich ändern. Ich beabsichtige, einfach und gelassen dem Variantenstrom zu folgen, in dem ich meinem idealen Partner begegne und es zu einer glücklichen Liebesbeziehung kommt.
- Ich bin noch Single – und das kann sich ändern. Ich beabsichtige, den Wunsch nach einer Beziehung, sowie die Wichtigkeit eine Beziehung zu haben, loszulassen.

- Ich bin noch Single – und das kann sich ändern. Ich beabsichtige, dass sich die Umstände heranbilden, damit ich meinem idealen Partner begegne.

Notizen:

9.Tag

Meine Dschinn – Strategie

Du kennst bestimmt den Dschinn aus der Lampe, der alle Deine Wünsche erfüllt.
Es gibt den Denker in mir und den Dschin! Der Dschin ist der Beweisführer. Was auch immer ich denke das wird mein Beweisführer beweisen wollen.

- Lieber Dschinn bitte kümmere dich bitte darum!
- Mein Dschinn erschafft Situationen, die zur Befriedigung meiner sexuellen Bedürfnisse führen!
- ...kümmert sich um meine Gesundung!
- ...beschützt mich vor Problemen.
- ...wählt die den das Beste für mich aus
- ...sorgt dafür, dass meine Seele bekommt, was sie braucht, um glücklich zu sein!

- ...schafft Situationen, die zu Harmonie in meiner Beziehung führen
- ...schafft Situationen, die zum Erfolg meines Unternehmens führen
- ...kümmert sich um meine Beförderung
- ...inspiriert mich.
- ...regelt es so, dass....
- Mein Dschinn sucht den besten Partner für mich aus!

Dankbarkeit im Herzen fühlen!!!

Notizen:

Andere Ideen oder Einfälle:

10.Tag – Teil I

Schreibe Dir täglich eine Absichtsliste auf Papier!
Ich beabsichtige/bin/habe/bekomme, dass sich ohne mein Wissen die Umstände heranbilden, damit/so dass....

- ich mein Ziel 10.000 € im Monat passives Einkommen erreiche.
- Mein Projekt Selbstständigkeit ein Erfolg wird.
- Mein Urlaub großartig wird.
- Meine Beziehung sich harmonisiert
- Ich mein Ziel erreiche.

Notizen:

11.Tag – Teil II

Schreibe Dir täglich eine Absichtsliste auf Papier!
Ich beabsichtige/bin/habe/bekomme, dass sich ohne mein Wissen die Umstände heranbilden, damit/so dass....

- Ich verdiene locker und mit Leichtigkeit 10 000€ jeden Monat.
- Es bilden sich die Umstände heran, damit ich schlank werde

Ich beabsichtige, in Bezug auf eine glückliche Partnerschaft einfach und gelassen dem Variantenstrom zu folgen- dem günstigsten Verlauf der Dinge, welche zum Ziel führt! Es gibt die beste Variante für eine glückliche Partnerschaft und ich wähle diese Variante

Notizen:

12.Tag

Ich bin davon überzeugt Strategie

- ... davon überzeugt, dass ich mein Idealgewicht von 68 Kg erreichen werde.
- ... davon überzeugt, dass ich das Beste verdient habe.
- ... davon überzeugt, dass ich mein Ziel X erreiche.
- ... davon überzeugt, dass ich die Prüfung bestehen werde.
- ... davon überzeugt, dass ich attraktiv und anziehend bin.
- ... davon überzeugt, dass mein Dschinn sich um mich kümmert.
- ... Ich beabsichtige, davon überzeugt zu sein, dass......
- ... davon überzeugt, dass ich der Lenker meines eigenen Schicksals bin.
- ... davon überzeugt, meine eigenen Ziele und Wege zu finden.

- ... davon überzeugt, dass ich gesund werde.
- ... davon überzeugt, dass sich mein Leben in eine Freudenfest verwandelt.

Notizen:

13.Tag
Leeres Blatt – Sei kreativ
Strategie!

Wenn ich wüsste was mir heute gut tut, was wüsste ich dann?
Wenn ich wüsste was ich in meinem Leben brauche, was wüsste ich dann?

Notizen:

14. Tag
Ich wähle den Strom der Varianten Strategie

- Ich wähle den Strom der Varianten, der da hinführt, dass ich einen schlanken attraktiven Körper habe.
- Ich wähle den Strom der Varianten in dem ich ....habe.

Notizen:

15. Tag

„Dem Geld darf man nicht nachlaufen, man muss ihm entgegengehen.“
Aristoteles Onasis

Einstellung zu Geld:

Warum „MUSST“ Du vermögend werden?

Was genau würdest Du tun, wenn Geld keine Rolle spielen würde?

Warum bist Du es Wert, sehr sehr sehr viel Geld zu besitzen?

Notizen:

16. Tag

Power Sätze!!

Eine Harvard-Studie besagt, dass jeder Amerikaner bis zu seinem 18. Lebensjahr ca. 100 000 negative Suggestionen gehört hat. Danach ca. 20 pro Tag. Und dass die Amerikaner, die ja im Gegensatz zu uns relativ positiv sind. Hier eine Liste von positiven Suggestionen, die du täglich laut und mit viel positiver power rezitieren kannst. Mindestens 100 Tage jeden Tag mit voller Inbrunst sagen! Jede Suggestion 10-mal!

- Ich bin liebenswert genauso wie ich bin!
- Ich bin begeistert!
- Ich bin absolut super gut!
- Ich gebe meinem Bestes und das Beste kommt sofort zu mir zurück!
- Ich bin optimistisch!
- Ich bin positiv!
- Ich treffe schnelle und kluge Entscheidungen!
- Ich schaffe es!
- Es ist möglich!
- Ich erreiche meine Ziele!
- Ich bin ein Gewinner und Gewinner und Gewinner gewinnen Gewinner!

Notizen:

17.Tag

Heute üben wir den inneren Wecker!

Abends vor dem Schlafen gehen sagen Sie zu einer virtuellen Assistentin, die Sie sich in Ihrer Vorstellung erschaffen:

„Lissi bitte wecke mich morgen pünktlich um 06:45 Uhr. Schaue dir hierzu die Uhr an. Ich werde den Wecker sicherheitshalber auf 06:50 Uhr stellen. Das hat nichts damit zu tun, dass ich dir nicht vertraue liebe Lissi. Übermorgen werde ich den Wecker nicht mehr stellen; ich brauche ihn dann nicht mehr, denn du hast mich dann pünktlich um 06:45 Uhr geweckt!“

Notizen:

18. Tag

Telepathie üben:

Nehmen Sie sich ausreichend Zeit an einem ruhigen Ort. Dort setzen Sie sich aufrecht auf einen Stuhl und konzentrieren sich zunächst auf Ihre virtuelle Helferin Lissi. Dann sagen Sie zu ihr. Entspanne dich Lissi. Wir schaffen das. Dann sagen Sie: (Marion)....ruft mich jetzt an. Ich brauche dringend deinen Anruf! Dieses konzentriert mehrfach wiederholen. „Ruf mich an!“ Das sage ich auch konzentriert ein paar Mal und erzeuge in mir auch das sichere Gefühl, dass es auf jeden Fall klappt. Dann warten Sie einfach positiv und zuversichtlich und dürfen auf die Magie – das Wunder gespannt sein!

Notizen:

19.Tag

Heute einfach das Gedicht von Robert Müller zum Nachdenken oder besser Vordenken!

Entscheidung und Vergebung

Entscheide dich zu verzeihen,
denn Nachträglichkeit ist negativ,
Nachträglichkeit vergiftet.
Hass und Groll zehren am Selbst
und lassen es schrumpfen.
Als erster musst du es sein,
der vergibt,
der lächelt und den ersten Schritt
tut.
Und du wirst das Glück blühen
sehen
auf dem Geist deines
Mitmenschen,
Bruders oder Schwester.
Sei du immer der erste.
Warte nicht, dass andere vergeben,
denn durch dein Verzeihen

wirst du Herrscher über das
Schicksal.
Du gestaltest das Leben,
du tust Wunder.
Vergeben ist die höchste und die
schönste Form der Liebe.
Dafür wirst du unermesslichen
Frieden erhalten
und vollkommenes
Glücksempfinden.

Am wichtigsten ist in unserem Leben, dass wir uns selbst vergeben. Also tue es jetzt!

Notizen:

20. Tag

Tief ein und ausatmen.
Ich entscheide mich heute meinen Herz-Schutzmantel zu lösen indem ich mich Frage:

„In welchen Momenten meines Lebens merke ich, dass mich dieser Schutzmantel blockiert oder daran hindert mich frei zu entfalten?

Brauche ich diesen Schutzmantel überhaupt noch? Macht er überhaupt Sinn für mich?

Notizen:

21. Tag

Schreib Dir auf ein weißes Blatt:

Der 1 Million € Satz!

- Ich bin mal gespannt, was mir dazu gerade alles einfällt!

- Ich bin mal gespannt, was ich geniales sage und geniales mache das meinen Klienten wirklich weiterhilft.

Notizen:

Erfolgstagebuch

Hier kannst Du täglich Deine Erfolge notieren, bzw. welches Thema Du angehst und wie genau Du Dich damit fühlst. Dann kannst Du immer wieder schauen, wann hast Du Dich um das Thema gekümmert und wie viel Zeit seitdem vergangen ist und was sich tatsächlich verändert hat.

Mein Lieblingsspruch hierzu ist:

„Das Leben wird nach vorne gelebt und nach hinten verstanden.“

Also TUE ES einfach ;-)

Erfolgstagebuch

Tag 1 **Datum:**

Thema:

Wie ist mein Zustand aktuell?

Was habe ich für Werkzeuge eingesetzt?

Was waren meine positiven Erlebnisse?

Wie hat sich mein Zustand verändert?

Erfolgstagebuch

Tag 2 **Datum:**

Thema:

Wie ist mein Zustand aktuell?

Was habe ich für Werkzeuge eingesetzt?

Was waren meine positiven Erlebnisse?

Wie hat sich mein Zustand verändert?

Erfolgstagebuch

Tag 3 **Datum:**

Thema:

Wie ist mein Zustand aktuell?

Was habe ich für Werkzeuge eingesetzt?

Was waren meine positiven Erlebnisse?

Wie hat sich mein Zustand verändert?

Erfolgstagebuch

Tag 4 **Datum:**

Thema:

Wie ist mein Zustand aktuell?

Was habe ich für Werkzeuge eingesetzt?

Was waren meine positiven Erlebnisse?

Wie hat sich mein Zustand verändert?

Erfolgstagebuch

Tag 5 **Datum:**

Thema:

Wie ist mein Zustand aktuell?

Was habe ich für Werkzeuge eingesetzt?

Was waren meine positiven Erlebnisse?

Wie hat sich mein Zustand verändert?

Erfolgstagebuch

Tag 6 **Datum:**

Thema:

Wie ist mein Zustand aktuell?

Was habe ich für Werkzeuge eingesetzt?

Was waren meine positiven Erlebnisse?

Wie hat sich mein Zustand verändert?

Erfolgstagebuch

Tag 7 **Datum:**

Thema:

Wie ist mein Zustand aktuell?

Was habe ich für Werkzeuge eingesetzt?

Was waren meine positiven Erlebnisse?

Wie hat sich mein Zustand verändert?

Erfolgstagebuch

Tag 8 **Datum:**

Thema:

Wie ist mein Zustand aktuell?

Was habe ich für Werkzeuge eingesetzt?

Was waren meine positiven Erlebnisse?

Wie hat sich mein Zustand verändert?

Erfolgstagebuch

Tag 9 **Datum:**

Thema:

Wie ist mein Zustand aktuell?

Was habe ich für Werkzeuge eingesetzt?

Was waren meine positiven Erlebnisse?

Wie hat sich mein Zustand verändert?

Erfolgstagebuch

Tag 10 **Datum:**

Thema:

Wie ist mein Zustand aktuell?

Was habe ich für Werkzeuge eingesetzt?

Was waren meine positiven Erlebnisse?

Wie hat sich mein Zustand verändert?

Erfolgstagebuch

Tag 11 **Datum:**

Thema:

Wie ist mein Zustand aktuell?

Was habe ich für Werkzeuge eingesetzt?

Was waren meine positiven Erlebnisse?

Wie hat sich mein Zustand verändert?

Erfolgstagebuch

Tag 12 **Datum:**

Thema:

Wie ist mein Zustand aktuell?

Was habe ich für Werkzeuge eingesetzt?

Was waren meine positiven Erlebnisse?

Wie hat sich mein Zustand verändert?

Erfolgstagebuch

Tag 13 **Datum:**

Thema:

Wie ist mein Zustand aktuell?

Was habe ich für Werkzeuge eingesetzt?

Was waren meine positiven Erlebnisse?

Wie hat sich mein Zustand verändert?

Erfolgstagebuch

Tag 14 **Datum:**

Thema:

Wie ist mein Zustand aktuell?

Was habe ich für Werkzeuge eingesetzt?

Was waren meine positiven Erlebnisse?

Wie hat sich mein Zustand verändert?

Erfolgstagebuch

Tag 15 **Datum:**

Thema:

Wie ist mein Zustand aktuell?

Was habe ich für Werkzeuge eingesetzt?

Was waren meine positiven Erlebnisse?

Wie hat sich mein Zustand verändert?

Erfolgstagebuch

Tag 16 **Datum:**

Thema:

Wie ist mein Zustand aktuell?

Was habe ich für Werkzeuge eingesetzt?

Was waren meine positiven Erlebnisse?

Wie hat sich mein Zustand verändert?

Erfolgstagebuch

Tag 17 **Datum:**

Thema:

Wie ist mein Zustand aktuell?

Was habe ich für Werkzeuge eingesetzt?

Was waren meine positiven Erlebnisse?

Wie hat sich mein Zustand verändert?

Erfolgstagebuch

Tag 18 **Datum:**

Thema:

Wie ist mein Zustand aktuell?

Was habe ich für Werkzeuge eingesetzt?

Was waren meine positiven Erlebnisse?

Wie hat sich mein Zustand verändert?

Erfolgstagebuch

Tag 19 **Datum:**

Thema:

Wie ist mein Zustand aktuell?

Was habe ich für Werkzeuge eingesetzt?

Was waren meine positiven Erlebnisse?

Wie hat sich mein Zustand verändert?

Erfolgstagebuch

Tag 20 **Datum:**

Thema:

Wie ist mein Zustand aktuell?

Was habe ich für Werkzeuge eingesetzt?

Was waren meine positiven Erlebnisse?

Wie hat sich mein Zustand verändert?

Erfolgstagebuch

Tag 21 **Datum:**

Thema:

Wie ist mein Zustand aktuell?

Was habe ich für Werkzeuge eingesetzt?

Was waren meine positiven Erlebnisse?

Wie hat sich mein Zustand verändert?

„ICH BIN! ICH KANN! ICH
WILL! ICH TUE ES!
ICH MATRIXE ES!
DENN ICH BIN DER
SCHÖPFER MEINER
REALITÄT!“

Alles Gute Deine Athanasia!

Hier ein paar Buch- und Filmtipps

Bücher:

WOW! wirksam Wirklichkeit erschaffen

https://amzn.to/3abYkvF

Transsurfing in 78 Tagen. Die Kunst der Realitätssteuerung

https://amzn.to/2OuwBOK

TransSurfing. Die Realität ist steuerbar

https://amzn.to/2vSi09f

TransSurfing 2. Das Praxisbuch

https://amzn.to/31taBsB

Transsurfing 3: Vorwärts in die Vergangenheit

https://amzn.to/2OrtN4z

Transsurfing 4: Die zwei Gesichter der Realität

https://amzn.to/3bbAdi9

Transsurfing 5: Die Realität auf den Kopf gestellt
https://amzn.to/2S1gSJ9

Transformation in der Matrix: "Wie Sie mit der 2-Punkte Methode ihre Realität steuern"
https://amzn.to/3727usW

Reality Creation - Die kontrollierte Erschaffung von Realität: Zauberei auf einem Sklavenplaneten
https://amzn.to/2vb8mhp

Matrix Energetics: Die Kunst der Transformation: Radikale Veränderung mit der Zwei-Punkt-Methode
https://amzn.to/2SjNb4X

Die Physik der Wunder: Wie Sie auf das Energiefeld Ihres Potenzials zugreifen
https://amzn.to/383EvGn

Schöpfer der Wirklichkeit - Der Mensch und sein Gehirn - Wunderwerk der Evolution
https://amzn.to/2TgFWel

Der Realitäts-Code: Wie Sie Ihre Wirklichkeit verändern können!
https://amzn.to/2Vo5KrB

Ein Hund namens Money! Bodo Schäfer
https://amzn.to/3cazvlN

Das Eine Million Euro Buch
https://amzn.to/3ajiPHd

Filme:

Matrix
https://amzn.to/2IoDL9w

The 13th Floor
https://amzn.to/2SlGxLu

Bleep: What the Bleep do we (K)now!?
https://amzn.to/2UskJAz

Quantum Communication
https://amzn.to/2SkCW07

Evolve your Brain - Verändern Sie Ihr BewusstSein
https://amzn.to/2UrGikI

Quantum Activist - ? Über die Wissenschaft zu Gott [
https://amzn.to/31uwpE4

Haftungsausschluss

Der Inhalt dieses Buches wurde mit großer Sorgfalt geprüft und erstellt. Für sämtliche Inhalte kann jedoch keine Garantie übernommen werden. Dies gilt weder für die Richtigkeit, Vollständigkeit, noch Aktualität der Inhalte. Alle enthaltenen Informationen basieren lediglich auf die eigene Meinung und persönliche Erfahrung des Autors. Der Inhalt darf keines Falls als medizinische Hilfe gesehen werden.

Für selbstverursachte Schäden und Fehlhandlung des Lesers wird daher keine juristische Haftung Seitens des Autors übernommen. Zudem garantiert der Autor keinerlei Erfolge mit dem im Buch erwähnten Informationen, da diese wie oben genannt nur auf persönliche Erfahrung des Autors basieren und lediglich als Unterhaltung diesen sollen. Die Verantwortung für die im Buch beschriebenen Ziele liegt einzig und allein beim Leser selbst. Gleichzeitig wird keine Haftung auf den im Buch angegebenen Quellen und externen Webseiten übernommen.

Für all diese Inhalte ist einzig und allein der jeweilige Webseitenbetreiber verantwortlich weshalb der Autor automatisch von einer Haftung ausgeschlossen ist.

Haftungsausschluss

Der Inhalt dieses Buches wurde mit großer Sorgfalt geprüft und erstellt. Für sämtliche Inhalte kann jedoch keine Garantie übernommen werden. Dies gilt weder für die Richtigkeit, Vollständigkeit, noch Aktualität der Inhalte. Alle enthaltenen Informationen basieren lediglich auf die eigene Meinung und persönliche Erfahrung des Autors. Der Inhalt darf keines Falls als medizinische Hilfe gesehen werden.

Für selbstverursachte Schäden und Fehlhandlung des Lesers wird daher keine juristische Haftung Seitens des Autors übernommen. Zudem garantiert der Autor keinerlei Erfolge mit dem im Buch erwähnten Informationen, da diese wie oben genannt nur auf persönliche Erfahrung des Autors basieren und lediglich als Unterhaltung diesen sollen. Die Verantwortung für die im Buch beschriebenen Ziele liegt einzig und allein beim Leser selbst. Gleichzeitig wird keine Haftung auf den im Buch angegebenen Quellen und externen Webseiten übernommen.

Für all diese Inhalte ist einzig und allein der jeweilige Webseitenbetreiber verantwortlich weshalb der Autor automatisch von einer Haftung ausgeschlossen ist.

Urheberrecht

Impressum

1. Auflage 2020

Kontakt: Athanasia Vassiliadou / Bahnhofstr. 74 / 70806 Kornwestheim

Covergestaltung: germancreative

Coverfoto: germancreative

Printed in Germany
by Amazon Distribution
GmbH, Leipzig

17727914R00089